// 黄荣华 女士 /

亚洲教练界宗师。大学主修管理，
澳大利亚新英格兰大学咨询硕士，
曾于美国哈佛大学肯尼迪政府学院
深造。人本教练研究中心创始人，
公益活动"成长心连心"创办人。

// 梁立邦 先生 /

亚洲企业教练学宗师。拥有文学学
士、企业管理硕士及心理咨询硕士
学位，曾前往美国加州深造。目前
为人本教练研究中心教练。

九点领导力的训练是一个心态调适的过程，是一

个内心的旅程，这个旅程可能不是一帆风顺的。

当你有任何的需要时，可到我们的网站寻求尊贵

传承教练的帮助，我们的网址：

rencoaching.com

REN
人本教练

人本教练模式系列效率手册

九点领导力

之 信任篇

黄荣华　梁立邦 著

浙江工商大学出版社
ZHEJIANG GONGSHANG UNIVERSITY PRESS
·杭州·

图书在版编目（CIP）数据

九点领导力之信任篇 / 黄荣华 , 梁立邦著 . — 杭州：浙江工商大学出版社 , 2020.7

（人本教练模式系列效率手册）

ISBN 978-7-5178-3724-4

Ⅰ . ①九… Ⅱ . ①黄… ②梁… Ⅲ . ①领导学—通俗读物 Ⅳ . ① C933-49

中国版本图书馆 CIP 数据核字 (2020) 第 022349 号

九点领导力之信任篇
JIUDIANLINGDAOLIZHIXINRENPIAN
黄荣华　梁立邦　著

责任编辑　唐　红
封面设计　王杨帆
责任印刷　包建辉
出版发行　浙江工商大学出版社
　　　　　（杭州市教工路 198 号　邮政编码 310012）
　　　　　（E-mail:zjgsupress@163.com）
　　　　　（网址 :http://www.zjgsupress.com）
电　　话　0571-88904980　88831806（传真）
排　　版　李　兰
印　　刷　天津市祥丰印务有限公司
开　　本　880mm × 1230mm　1/32
印　　张　7.25
字　　数　125 千
版 印 次　2020 年 7 月第 1 版　2020 年 7 月第 1 次印刷
书　　号　ISBN 978-7-5178-3724-4
定　　价　48.00 元

目 录

欣赏　人
接纳　珍惜

1

第三部分　　**总结补充**

第一部分

理论介绍

信任力五步曲

祝贺你，选择了这本《九点领导力之信任篇》，这表明你已迈出了释放信任力的第一步。接下来，简单地说，只须五步，三个月后，你会发现，你的这种与生俱来的信任力将得以完全发挥！

>>> **第一步**：选择本效率手册

你已完成了！

>>> **第二步**：信任力测试

你可登录人本教练研究中心网站 www.rencoaching.com，测试你信任力的运用情况，根据测试报告，来设定、检视及修

正自己的目标和行动计划。

>>>第三步：描绘成功蓝图

成功蓝图是你人生的愿景，是你人生的价值。这一步非常重要，成功只属于那些愿景清晰、强烈及有承诺的人。

>>>第四步：按部就班

你只要跟随本效率手册的进度做，就能掌握信任力，令你脱胎换骨，踏入人生另一阶段。

>>>第五步：训练日志

"不积跬步，无以至千里；不积小流，无以成江海。"成功要在你每一天的行动里实现，这也是你人生的宝贵体验。

　　"人本教练模式系列效率手册"共有九本，根据人本教练模式的理论，九点领导力的起点是激情，有了激情，然后做承诺，采取负责任的态度，欣赏身边的一切，心甘情愿地付出，信任他人，开创共赢的局面，这些过程会增添更大的激情，从而可以感召更多的人参与，创造更多的可能性（详情请见《人本教练模式》一书）。因此你可以按照此顺序进行领导力训练。

　　九点领导力的训练是一个心态调适的过程，是一段内心的旅程，这个旅程可能不是一帆风顺的，当你有任何需要时，可到我们的网站寻求尊贵传承教练的帮助，我们的网址是 www.rencoaching.com。

信任能力应用篇

　　教练是一门通过完善心智模式、调适心态来发挥潜能、提升效率的管理技术。我们要通过调适信念和心态，在过程中寻找自己的答案，拟订行动计划，创造出符合目标的未来。教练的作用发挥在调适阶段，教练是调适的有效工具。（详情请参考《人本教练模式》一书）

人本教练模式

在中国经典名著《三国演义》中，有一个诸葛亮七擒孟获的故事。这个故事充分说明了人本教练模式对于信任的理解，即从诸葛亮七次擒拿又释放孟获，到最终将他感化。

从诸葛亮七擒孟获一事可见，诸葛亮的信任与"我相信"有关，与孟获留给他的印象毫不相干。"我信任你"，主动权在诸葛亮身上，孟获的表现动摇不了诸葛亮的信任。如果诸葛亮的信任真的与孟获有关，那么诸葛亮应该一早便对孟获失去了信心。诸葛亮七擒七纵孟获，反映出诸葛亮对自己充满了信心。无论孟获如何不守信用，诸葛亮仍然相信自己有能力应付。诸葛亮对孟获的信任，开创了一个全新的格局：不废一兵一卒，将

整个巴蜀平定。诸葛亮能这样做，反映出他心中的无惧和放弃对别人的控制。《人本教练模式》中的第六节"信任模式"认为，信任能为团队创造张力，人们拥有信任是因为心中无惧，信任的表现是放弃对别人的控制，并且让别人发挥所长。

<p style="text-align:center">

创　造

信任可以创造出崭新的局面，可以开创新的合作渠道和新的生活模式，可以开创出更有效的方法。如果人与人之间没有足够的信任，那么人类现在估计还活在原始社会中。信任使交易成本降低，人类开始互通有无；信任使人类发明货币，令彼此的购买力可以储存，资本得以积累。最终，通过经济的进步刺激科技的进步。信任的价值是创造，创造一种新的关系，创造一种新的模式，创造出远远大于个人能量的团队张力。任教于英国莱斯特大学（University of Leicester）的社会学家 Barbara A. Misztal，在她的著作 *Informality:Social Theory and Contemporary Practice* 指出，信任使人可以预测别人的行为，令团队生活变得有规律；信任是一个团队能够凝聚在一起的基本元素；信任使人一起工作。信任是一切社会制度的基石，是人类社会进步的原动力。

在团队中，信任是非常重要的。没有信任，就没有团队成员黏合在一起的基础；没有信任，就没有团队成员之间的优势互补和协同效应，也就没有了团队力量大于个人力量总和的奇迹发生。没有信任，就没有融洽、没有快乐、没有默契，导致不能借力、不敢借力，也就没有了效益。对于个人而言，信任也是非常重要的。人生活在社会中，必须与社会发生关系，建立关系的基础不是别的，就是信任。

无　惧

信任，首先是对自己有自信，自信的人会更相信别人。其次，信任是对他人的了解。缺乏信任实质上就是缺乏了解，无知产生恐惧，恐惧令人失去信任。有了自信和对他人的了解，就会勇于打开自己的心扉，展示自己的不足；有了自信和对他人的了解，会更愿意付出，愿意帮助别人。没有自信，就会害怕受伤，因而就会不敢信任别人。无安全感是内在的感受，被遗弃感也是内心的活动。被社会抛弃的人，往往先自我抛弃，因为一个

自信能够与社会同步的人，总会想方设法跟上社会的脚步。无安全感和被遗弃感会令人心生恐惧，一旦恐惧超过自信，人们就会在自己与别人之间设立一道防线，不信任就会产生。

在日常生活中，每个人的个性不尽相同。有些人总是开朗、信任别人，有些人却是对人不信任、怀有敌意的。影响信任的主要因素是什么？对这个问题每个人都有不同的答案，根据心理学家弗洛伊德（Sigmund Freud）和艾瑞克森（Milton Hyland Erickson）的看法，信任主要取决于人们的童年经验。而马斯洛（Abraham H. Maslow）等人本心理学家的看法是，决定信任的重要因素是个人对自己的体验。相对于弗洛伊德和艾瑞克森，马斯洛主张性格较容易改变，因为人们能够改变自我概念。

谁的观点才是正确的呢？或许所有理论都有正确的地方。总结一下，信任的形成是受到童年经验和自我概念交互影响的。

精神分析学派宗师弗洛伊德提出，人生有五大心性发展阶段（psychosexual stages），如果任何一个阶段的发展得不到满足，就会令个人的性格发展受到障碍（fixation）。口欲期（oral stage）是人类信任形成的重要阶段，主要指从婴儿出生到一岁半的阶段，婴孩在这个阶段通过口腔来得到满足。若此阶段的发展得不到满足，婴儿会形成"口腔攻击性格"，他们会对其他人表现出非常多的敌意、跋扈及不信任。这些人格发展上的停滞反映在行为上，就会出现如吸烟、暴饮暴食、咬啮指甲，以及对别人抱持不信任的态度等情况。

心理社会发展论的创始人艾瑞克森认为，由婴儿出生到一岁半的阶段为第一阶段，即"婴儿期"，信任的观念基本在此阶段形成，每一阶段都由认同危机（identity crisis）的概念来贯穿。在第一阶段，其认同危机就是"信任与不信任"。如果父母能在此阶段让婴儿感到父母对待他的态度是亲切的、前后一致的和连续不断的，他就会感到安全，继而对身边的人产生信任。如果婴儿在"婴儿期"能对人产生信任的态度，则他们对周遭的事物就会充满希望，无论环境顺逆，他们仍相信事情终会好转。由艾瑞克森的理论我们可以看出信任的重要性，因为信任是社交与人际关系的基础，拥有信任的人将更能适应这个世界，更能得到丰盛的人生。

马斯洛认为，大部分人类的动机是基于生理的需求，也就是减少和避免痛苦的需求。他认为动机的范畴其实更广，由此，他提出了需求阶层（hierarchy of needs）。信任是出于安定和安全的需求，这属于马斯洛需求层次理论中的第二层。马斯洛假定，只有当最低层的生理需求被满足后，才会达到第二阶段的安全需求。他指出，拥有安全感的人性格稳定，对环境有一定的信心，并免于生理、经济或心理的焦虑。没有这些焦虑，人们就有力量去信任环境和他人，他们不会浪费时间在推测人

的心意上，会发挥无惧的精神。这与人本教练模式中的无惧不谋而合。

　　明白了信任是如何被心理机制影响后，我们要做的就是加强自信，放下阴影，做到无惧地信任别人。马斯洛也认为，一旦人的基本需求被满足，每个人都有能力向自我实现之路进发。所以无惧是信任的外在表现，你对自己有足够的把握，你心中没有恐惧，就会撤掉信任的防线，并且通过信任创造出新的可能。

放弃控制

　　信任不是一个概念，而是一种体验。概念可以有不同的解释，体验却是直接发生的，骗不了自己。你在用人和做事的时候，心里如果感觉到不舒服，体验告诉你产生了不信任；如果心情十分舒畅，没有压迫感，体验让你知道你在信任。

　　当人有安全感，知道别人是信任自己的，就能明白信任完全取决于自己的决定，只有自己才能决定是否信任。看透了信任的本质后，人就可以自由选择了。自由选择后，人就从被动到主动，就会感到无比的轻松。

　　不信任的特点是控制，只有牢牢控制，一切均在掌控之中，不信任者才觉得安全，控制因此成为缺乏信心者的保险。因为控制，领导者对手下人的信任起点是 0，然后根据对方做得合意的事情，逐渐增加信任度。这种控制导致管理成本增加，工作效率降低。

信任别人的领导者，从"我"开始建立信任。他们对人的信任起点是 100，放弃控制，完全信任，相信对方有能力把事情办好，相信对方会全力以赴，相信无论出现什么局面，自己都有能力解决。

03 行前测试

现在，请你先登录 www.rencoaching.com 完成自我测量表。

自我测量表指引（网上测试）

第一次测试在使用本效率手册之前，建议你现在就用不多于 10 分钟的时间去测试，第二次测试在三个月后你成功的那一天。

需要提醒你的是：最佳的测试是用你的直觉来判断。请跟随你的直觉，而不是分析或他人的引导，只有你最了解你自己。

你会如何对待员工

1. 你会如何对待员工? 你相信员工是诚实和正直的人, 还是觉得他们处处需要监察? 你会这么想的原因是什么呢?

....

....

....

....

....

....

....

2. 你认为如果一家公司没有固定的作息时间表, 也没有考勤制度, 会变成什么样?

....

....

....

....

....

....

....

3.作为一个企业管理人员，你会为员工提供资源用于培训吗？公司的培训政策是怎样的？

4.你觉得你的公司会是什么样的？它的规模有多大？

问题解析

1.你会如何对待员工？你相信员工是诚实和正直的人，还是觉得他们处处需要监察？你会这么想的原因是什么呢？

你是否认为员工基本上是不能信任的，所以才要设立种种制度来监察他们？你知道全球著名的计算机公司惠普是如何看待员工的吗？惠普公司有一句名言："惠普之道，归根结底，就是尊重个人的诚实和正直。"如果你的公司设立了多种监察制度来监控员工，那你会觉得惠普的做法是匪夷所思的。在惠普，存放电气和机械零件的实验室备件库是全面开放的，这种全面开放不仅允许工程师在工作中任意取用，而且实际上还鼓励他们拿回家供个人使用。惠普的观点是：不管他们拿这些零件做的事是否与工作有关，只要他们摆弄这些玩意儿，总能学到一些东西。

2.你认为如果一家公司没有固定的作息时间表，也没有考勤制度，会变成什么样？

你的公司可能规定员工每天早上九点上班、五点下班，有一个大家都要遵守的时间表。也许你的公司有一套明确

的考勤制度。但你可知道，惠普公司是没有作息表的，也不进行考勤，员工可以按自己的生活需要来决定何时上班。他们可以自行选择从早上六点、七点或八点开始上班，只要能完成每天八小时的工作即可。

3. 作为一个企业管理人员，你会为员工提供资源用于培训吗？公司的培训政策是怎样的？

你的公司可能在员工培训上进退维谷：若提供的资源少，员工水平不会提高很多；若提供的资源多，一旦人员流失将得不偿失。惠普的创始人之一戴维·帕卡特对此的独到见解是："我们不太担心这个问题。因为你有这种别人愿意要的技术人员，总比你有那种别人不愿意要的技术人员要好吧。"因此，惠普不惜成本地在公司进行人才培训。

4. 你觉得你的公司会是什么样的？它的规模有多大？

你有没有想过你的公司有朝一日能成为名列世界500强的公司之一呢？惠普公司已经成为其中之一。惠普公司近10万员工的努力证明，他们的信念是正确的：我相信所有人都想把工作做好，有所创造，只要给他们提供适当的环境，他们就能做到这一点。

　　如果你觉得惠普对待员工的方法是难以置信的，这可能就是造成你的公司和惠普有差距的原因之一。惠普的领导对待员工是无惧的，他们100%信任员工，而且对员工是放弃控制的。他们相信每一个人都想把工作做好，并且有能力把工作做得更好，关键是如何激发员工的潜力。惠普公司采用的方法是信任，唯有领导信任员工，员工才会尽力为公司工作。你的公司和惠普的区别，你的员工和惠普员工的区别，许多时候不仅在于他们的能力如何，更在于你对待他们的态度——是否信任。

自我检视

请用下面的图形画出你对自己在生活中接触到的不同的人的信任程度。

这个图形代表你自己。

我

这个图形代表你的配偶或男女朋友。

伴侣

这个图形代表你的父母、兄弟姊妹及其他跟你有血缘关系的人。每个图形只代表一个人。

母

这个图形代表你的朋友、同事、同学或其他你认识的人。每个图形只代表一个人。

志明

用直线连上跟你经常接触的人。线条越短，代表你越信任他。

————————

用虚线连上跟你不常接触的人。线条越短，代表你越信任他。

— — — — — — — —

按照上面的要求，画出你的信任关系图：

你如何与你最信任的人相处？

你如何与你最不信任的人相处？

第二部分

具体操作

成功蓝图指引 01

成功蓝图是你人生的大方向，代表着你人生的价值，体现出你人生的愿景。

这一步非常重要，成功只属于那些愿景清晰、强烈及有承诺的人。

在这里，请把你的愿景用最形象的图画、最激动人心的文字、最绚丽的色彩描绘出来，在这三个月中，它会时刻激励着你，鼓舞着你，为你指明方向。三个月后你会惊讶地发现，你的愿景有多清晰和强烈，你就会有多成功！

在人的一生中，成功蓝图也许只需要描绘一次，也许随着时间的推移和自我的成长而需要重新描绘。不管怎样，这仍将是你目前所设定的人生大方向，在这三个月中，或许你还同时在训练其他几点领导力，成功蓝图在其中将是唯一的。

信任的威力

　　Simon 是一家公司的副总裁，他的一次乘出租车的经历可以很好地说明信任的威力。某一天晚上，Simon 乘飞机到达机场。这时在机场排队等候坐出租车的人非常多，所以有些自称是出租车司机的人开始在旁边招揽客人。其中，有一个司机开始和 Simon 搭话，他拿着自己的营运执照，向 Simon 表明自己是一个正规的出租车司机，可以放心乘坐。Simon 因为时间太晚，不想在车站等候，便问这个司机如何收费。司机表示按表收费，不会收取任何额外的附加费用。Simon 听完后，决定信任这个司机，相信他所说的话。等坐上车后，他好奇地问司机："你为什么不在车站里排队等候？"司机回答道："因为在车站等候乘客的话需要支付一些钱给车站，为了省下这笔费用，我选择将车停在车站外。"

　　Simon 对这名司机的信任，创造出他与这名司机的一种新的关系。后来，司机向 Simon 表示："你现在是我的乘客，我会一路保护你的安全。"到达目的地后，司机充满感激地对 Simon 说："多谢你这次信任我，以后如果你无人接送，尽管打电话给我，无论刮风下雨，我绝不会多收你一分钱。"

　　当你信任别人时，你就可以为自己和别人创造出一种新的关系，别人也会因你的信任激发出潜能。同时，信任也把人与人之间的距离拉近了。正如上面的例子，Simon 的信任激发了出租车司机的感激和热诚，使他们之间不再是一次性的乘客和司机的关系。作为领导，如果你对身边的人充分信任，就可以激发出他们更大的潜能。相反，当你不信任别人时，别人便没有充足的力量发挥个人潜能。

你能够看出它们之间的差异吗？请写出你的体会：

02 练习流程

在未来 12 周的练习时间里，本效率手册会协助你提升个人的信任力。在你能充分发挥信任力以前，需要先在第 1 周到第 2 周的时间里了解自己的优点、不足之处和内在资源，然后在第 3 周到第 12 周的时间里增强自信心。其中，增强自信心的练习内容包括人际关系（第 3 周），情感交流（第 4 周），表达感受（第 5 周），事业篇（第 6 周），社交篇（第 7 周），五种应对模式（第 8 周），利用创造、无惧和放弃控制来处理个案（第 9 周到第 12 周）。

具体来说，你需要在第 1 周到第 8 周内完成你对自己及周围环境的了解。第 1 周到第 2 周，在你发挥信任力以前，先要对自己有一个大致的了解。所谓知己知彼，当你明白自己的优点、能力及不足时，整个局面会更加清晰明了，你便能更加信任自己和他人。你需要为自己定下目标，然后把它实现。通过这个练习，你可以体会到完成目标后的满足，你也能明白你的那些不足之处是如何阻碍你达成目标的。第3周，你需要从人际关系中学习如何向别人提出要求和被别人拒绝时如何不感到羞耻，并按自己的意愿行事。第4周，你需要学会主动跟别人进行情感交流，学会信任他人。第5周，你需要明白说话的五大原则和四个需要避免的因素。第6周，你需要进一步认识自我，了解你在事业上面对的困难和你的应对方法。第7周，着重练习社交技巧，再次训练建立友谊的方法和原则。第8周，讨论别人对你行为的反应，并介绍相关的应对技巧。经过以上8周的练习后，将进行4周的个案研究，作为对信任模式的锻炼。

本效率手册的学习目的

提升自信，先信自己，再信别人

做到以"我"为中心的信任

了解信任带来创造

去除阻碍信任的恐惧心

放弃对他人的控制

第 1—2 周的练习

请你写下自己的 10 个优点：

我的优点是：

1. ....

2. ....

3. ....

4. ....

5. ....

6. ....

7. ....

8. ....

9. ....

10. ....

现在，请你回想一件自己的往事，这件事必须和你上面写的其中一个优点有关。有任何对象或事件与这件往事有关，请你把这些人或事件也写出来。

我的一件往事：

认识自我的不足之处。

我的不足之处是：

1. ....

2. ....

3. ....

4. ....

5. ....

6. ....

7. ....

8. ....

9. ....

10. ....

目标设定指引

所谓目标设定，在这里是指根据你的人生愿景，在某一段时间内要做到的事情或结果，包括具体每一步怎样去做的过程。关于目标设定的 SMART 系统的详细介绍将在附录部分呈现。

设定目标

请你设定一个可以在一周之内达成的目标。这个目标可以是改掉一个你不想要的习惯，或是完成一个与你兴趣有关的计划，如阅读计划等。（具体请参考附录部分 SMART 系统中的要求）

你有什么内在资源（你的优点）可以帮助你达成设定目标？或是有哪些障碍（你的不足之处）令你难于达成设定目标？请把你的内在资源和障碍记录下来。

....

....

....

....

....

....

如果你觉得你的目标跟内在资源或障碍无关，那么会是什么妨碍你达到目标呢？有什么技能是你需要学习的？你打算如何调整自己的心态来达成目标？

....

....

....

....

....

....

....

你需要构思达成目标的方法，然后把你的计划记录下来。

··

··

··

··

请你在一周结束后，把你的成果记录下来。如果你已成功完成目标，那么请恭喜你自己！如果你尚未完成目标，也请你把自己所完成的部分记录下来。你需要找出自己不能达成目标的原因，同时也要欣赏自己已经完成的事情。

我的成果是：

··

··

··

··

··

··

··

··

··

请你在障碍中挑选出一项你最想解决的，然后用一周的时间把这个障碍处理好。请你把障碍的具体情况和你所拟定的计划写下来。

....

....

....

....

　　然后，把你如何处理掉这个障碍的过程写下来。

....

....

....

....

....

....

....

　　请把你已完成的目标和处理障碍时的感觉记下来，你会发现，自己的确有能力完成想要成就的事情。现在，闭上你的眼睛，回想当时的情况和感受，用心体会。

自信心提升训练

正如《人本教练模式》第六节所述，信任别人即信任自己。我们要有安全感，才会信任自己，继而信任别人。安全感的产生来自两个方面：一方面源自"自我肯定"；另一方面源自"别人肯定"。其中，别人肯定涉及个人的渴望和别人的回馈。如果一个人得到了自我和别人的充分肯定，就能产生足够的安全感，进而对自己充满自信，能无惧地信任别人，放弃控制，最终创造出一种新的关系和模式。

自信心是指个人能够接纳自我，满足自我的需要，可以在表达自己的同时，不损害他人的需要与权益。有自信心的人拥有积极进取、乐观开朗的人格特质。自信心的特质不但是重要的自我概念，也是成功者必须具备的人格特质，更是有效的工作要件。当一个人充满自信心时，他便可以发展所长，拓展人际关系，充实自我，创造成功的发展契机。相反，如果一个人没有自信心，就无法引起别人的注意，更无法在商场上获得有利的竞争条件，自然会远离成功的人生舞台。

根据格林博格的研究，一个有自信心的人的表达特点可分为语言和非语言两大部分。

在语言方面，主要包括了描述、表达、明确化和选择。

描述	一个有自信心的人会描述对方的行为或自己面对的情境。常用"当你……""当我……"等句式
表达	一个有自信心的人会说出对对方的行为或这个情境的感觉，并用"我"的立场说出来，如："我感觉……"
明确化	一个有自信心的人会明确说出期待对方或这个情境改变的方式
选择	一个有自信心的人会决定面对对方行为或情境结果的方式。不论别人的行为或情境改变是让人满意的，或是情况没有改变，或是这个改变没有符合需求，这个人都会清楚自己该怎样做。常用的词汇包括："假如你做……，我会……""假如你没有做……，我会……"等

在非语言方面，主要包括了姿势、表情、眼神和声线：

姿势	一个有自信心的人说话时会站直、站稳，且直接面对说话对象，并保持眼神接触
表情	一个有自信心的人说话时身体会略向前倾，面对说话者，脸部表情自然并保持适当的变化
眼神	一个有自信心的人会注意个人眼神、表情、姿势、动作和与对方的距离等细节变化
声线	一个有自信心的人会用清晰和稳定的口语说话，让听的人清楚自己在说什么，说话流利、不迟疑且肯定

进入状态

　　现在，闭上你的眼睛，慢慢吸气，然后呼气，在脑海里想象一个充满自信的自己。你应该是什么模样的？外表会不会有什么明显不同？说话的语气是怎样的？说话的内容是否充实？与陌生人相处时会有怎样的表现？在社交场合中如何挥洒自如？

　　一个充满自信的人确实令人羡慕。只要你愿意，你就会是这个充满自信旳人。你可以享受丰盛的感情生活，体验工作上的成就。而且，你还可以向着明确的人生目标前进。只要你用心聆听内心的呼唤，并清楚自己内心的诉求，那么你成为自信的人的动机就会越大。同时，你要理解自己的性格特征，这些特征包括时间观念、体力优势、天赋才能等，你需要感召身边的人一起配合你的转变。为了使你的目标能够成功，你需要有一份长期、详细的计划。

欣赏 人
接纳 珍惜

人际关系篇

人生在世，难免有遭到别人拒绝的时候。但在生活中，我们又不可避免地需要身边人的帮助，所以我们经常会向别人提出要求，即使这个要求有可能遭到别人的拒绝。如果是一个自信心不足的人，面对这样的情况，可能会退缩或感到受伤害。

在本周的练习中，你要学习三件事情：

1. 向人提出要求；

2. 接受别人合理的拒绝，而且不会感到羞耻；

3. 依照自己的意愿行事。

回想一下在这一天中，你曾向哪些人提出过要求。这些要求可能是一些简单的事情，如向邻座的同事借用文具，或者向下属提出工作上的调配，或者向朋友提出邀请共进午餐。请记下你曾向别人提出请求的事情，然后在适当的位置写上该事项。

☐ 同事

....

....

....

....

....

....

□ 朋友

....

....

....

....

....

....

□ 家人

....

....

....

....

....

....

在这一天里，有哪些事是别人应你的要求而做的？有哪些要求是被别人拒绝的？当别人拒绝你的要求时，你内心的感觉是怎样的？你是感到羞耻、受伤害，还是认为被拒绝是平常的事情，所以不把它当一回事？

仔细回想一下你的感受，并在适当的空格里填上"√"。如果表格中没有适合你的感受的词语，就在"其他"一栏内填上你的感受。

☐	平静的	☐	沮丧的	☐	受伤的	其他
☐	愉快的	☐	尴尬的	☐	闷闷不乐的	其他
☐	轻松的	☐	情绪低落的	☐	宁静的	其他
☐	失望的	☐	生气的	☐	挫败的	其他
☐	不满的	☐	绝望的	☐	心痛的	其他
☐	悲观的	☐	无聊的	☐	愤怒的	其他
☐	无助的	☐	混乱的	☐	厌恶的	其他

你的感受反映出你的自我形象。如果被别人拒绝时你感受到了伤害，你会想到什么？你所想到的事情可能是童年一些被人拒绝的经历，又或是一些令你难堪的往事。这些不愉快的经历，你是否已经处理好了？还是你仍停留在当时的情境里，未曾处理过这些情绪？这些被拒绝的经历令你联想到了什么？

　　（1）你可以选择对自己诉说这些感受。

　　（2）你也可以选择写下这些感受。

（3）你更可以把这些感受画出来。

在这些经历中，你体会到了什么？你的体会可能是了解到自己是一个怕被别人拒绝的人，也可能是发现别人特别喜欢帮助你。

当被别人拒绝的时候，我感到：

....

....

....

....

....

....

....

当别人答应我的请求时，我感到：

....

....

....

....

....

....

....

....

训练日志

日期：　　　　　　今天是第　　天

请记下这一天里，你曾向别人提出请求的事情。

□ 同事

....

....

....

....

□ 朋友

....

....

....

....

☐ 家人

....
....
....
....

　　如果你有被别人拒绝，请记下你被拒绝时的感受，并在适当的空格里填上"√"。如果表格中没有适合你的感受的选项，就在"其他"一栏内填上你的感受。

☐ 平静的	☐ 沮丧的	☐ 受伤的	其他	
☐ 愉快的	☐ 尴尬的	☐ 闷闷不乐的	其他	
☐ 轻松的	☐ 情绪低落的	☐ 宁静的	其他	
☐ 失望的	☐ 生气的	☐ 挫败的	其他	
☐ 不满的	☐ 绝望的	☐ 心痛的	其他	
☐ 悲观的	☐ 无聊的	☐ 愤怒的	其他	
☐ 无助的	☐ 混乱的	☐ 厌恶的	其他	

欣赏 人 接纳 珍惜 爱

有哪些过去受伤的经历是你未曾处理的？

你今天的收获是：

训练日志

日期：　　　　　　今天是第　　天

请记下这一天里，你曾向别人提出请求的事情。

☐ 同事

....
....
....
....

☐ 朋友

....
....
....
....

□ 家人

....

....

....

....

　　如果你有被别人拒绝，请记下你被拒绝时的感受，并在适当的空格里填上"√"。如果表格中没有适合你的感受的选项，就在"其他"一栏内填上你的感受。

□	平静的	□	沮丧的	□	受伤的	其他
□	愉快的	□	尴尬的	□	闷闷不乐的	其他
□	轻松的	□	情绪低落的	□	宁静的	其他
□	失望的	□	生气的	□	挫败的	其他
□	不满的	□	绝望的	□	心痛的	其他
□	悲观的	□	无聊的	□	愤怒的	其他
□	无助的	□	混乱的	□	厌恶的	其他

有哪些过去受伤的经历是你未曾处理的?

....

....

....

....

....

....

....

....

你今天的收获是:

....

....

....

....

....

....

....

....

训练日志

日期：　　　　　　今天是第　　天

请记下这一天里，你曾向别人提出请求的事情。

☐ 同事

....

....

....

....

☐ 朋友

....

....

....

....

☐ 家人

....

....

....

....

如果你有被别人拒绝，请记下你被拒绝时的感受，并在适当的空格里填上"√"。如果表格中没有适合你的感受的选项，就在"其他"一栏内填上你的感受。

☐	平静的	☐	沮丧的	☐	受伤的	其他
☐	愉快的	☐	尴尬的	☐	闷闷不乐的	其他
☐	轻松的	☐	情绪低落的	☐	宁静的	其他
☐	失望的	☐	生气的	☐	挫败的	其他
☐	不满的	☐	绝望的	☐	心痛的	其他
☐	悲观的	☐	无聊的	☐	愤怒的	其他
☐	无助的	☐	混乱的	☐	厌恶的	其他

有哪些过去受伤的经历是你未曾处理的?

你今天的收获是:

请记下这一天里，你曾向别人提出请求的事情。

☐ 同事

....

....

....

....

☐ 朋友

....

....

....

....

□ 家人

....

....

....

....

如果你有被别人拒绝，请记下你被拒绝时的感受，并在适当的空格里填上"√"。如果表格中没有适合你的感受的选项，就在"其他"一栏内填上你的感受。

□	平静的	□	沮丧的	□	受伤的	其他
□	愉快的	□	尴尬的	□	闷闷不乐的	其他
□	轻松的	□	情绪低落的	□	宁静的	其他
□	失望的	□	生气的	□	挫败的	其他
□	不满的	□	绝望的	□	心痛的	其他
□	悲观的	□	无聊的	□	愤怒的	其他
□	无助的	□	混乱的	□	厌恶的	其他

有哪些过去受伤的经历是你未曾处理的?

你今天的收获是:

训练日志

日期：　　　　　今天是第　　天

请记下这一天里，你曾向别人提出请求的事情。

☐ 同事

....

....

....

....

☐ 朋友

....

....

....

....

□ 家人

....
....
....
....

如果你有被别人拒绝，请记下你被拒绝时的感受，并在适当的空格里填上"√"。如果表格中没有适合你的感受的选项，就在"其他"一栏内填上你的感受。

□	平静的	□	沮丧的	□	受伤的	其他
□	愉快的	□	尴尬的	□	闷闷不乐的	其他
□	轻松的	□	情绪低落的	□	宁静的	其他
□	失望的	□	生气的		挫败的	其他
□	不满的	□	绝望的	□	心痛的	其他
□	悲观的	□	无聊的	□	愤怒的	其他
□	无助的	□	混乱的	□	厌恶的	其他

有哪些过去受伤的经历是你未曾处理的?

你今天的收获是:

请记下这一天里，你曾向别人提出请求的事情。

☐ 同事

::

::

::

::

☐ 朋友

::

::

::

::

□ 家人

....

....

....

....

如果你有被别人拒绝，请记下你被拒绝时的感受，并在适当的空格里填上"√"。如果表格中没有适合你的感受的选项，就在"其他"一栏内填上你的感受。

□ 平静的	□ 沮丧的	□ 受伤的	其他			
□ 愉快的	□ 尴尬的	□ 闷闷不乐的	其他			
□ 轻松的	□ 情绪低落的	□ 宁静的	其他			
□ 失望的	□ 生气的	□ 挫败的	其他			
□ 不满的	□ 绝望的	□ 心痛的	其他			
□ 悲观的	□ 无聊的	□ 愤怒的	其他			
□ 无助的	□ 混乱的	□ 厌恶的	其他			

有哪些过去受伤的经历是你未曾处理的?

你今天的收获是:

训练日志

日期： 今天是第 天

请记下这一天里，你曾向别人提出请求的事情。

☐ 同事

....
....
....
....

☐ 朋友

....
....
....
....

☐ 家人

....

....

....

....

　　如果你有被别人拒绝，请记下你被拒绝时的感受，并在适当的空格里填上"√"。如果表格中没有适合你的感受的选项，就在"其他"一栏内填上你的感受。

☐ 平静的	☐ 沮丧的	☐ 受伤的	其他	
☐ 愉快的	☐ 尴尬的	☐ 闷闷不乐的	其他	
☐ 轻松的	☐ 情绪低落的	☐ 宁静的	其他	
☐ 失望的	☐ 生气的	☐ 挫败的	其他	
☐ 不满的	☐ 绝望的	☐ 心痛的	其他	
☐ 悲观的	☐ 无聊的	☐ 愤怒的	其他	
☐ 无助的	☐ 混乱的	☐ 厌恶的	其他	

有哪些过去受伤的经历是你未曾处理的？

你今天的收获是：

情感交流篇

每一个人都有与其他人交流情感的需要，可惜不是每个人都懂得运用当中的技巧。当一个人不能掌握这些技巧时，便会在社交生活中裹足不前，造成自己的自信心不足。本练习的目的是教你与别人建立情感交流的渠道。通过这些技巧，帮助你避免与人敷衍乏味的交流层次，进入更有意义的交流层次。

当你主动与别人进行情感交流时，很有可能会遭受别人的冷待，但这些并不是特别重要，你需要的是恒心和毅力。当别人反应良好时，不要忘记鼓励自己，用你喜欢的方式，如看一部喜欢的电影，或者听一首美妙的歌曲。

在本周，你要完成的练习主要是：

1.主动向你的邻居或同事问好；

2.邀请一位不常见面的朋友出来聚会；

3.外出购物时，如得到了称心满意的服务，一定要赞赏服务员，相反，如遇到不合理的待遇，则要适当表露自己的不满；

4.跟好友分享一件你未曾告诉过其他人的事情。

注意：你不用在一天之内完成所有的项目，按你的情况，每天选取一到两项进行练习即可，然后记下你所完成的事项。

训练日志

日期：　　　　　　　　今天是第　　　天

我今天完成的练习项目是：

☐ 主动向邻居或同事问好

（请记下他们的名字或事情的经过）

....

....

....

☐ 邀请一位不常见面的朋友出来聚会

....

....

....

☐ 遇到合理的服务或不合理的待遇

....

....

....

☐ 跟好友分享一件你未曾告诉其他人的事情

....

....

....

你完成以上项目后的感受如何？无论是喜欢还是难受，都在下面标注出来，以便更深入地了解自己。

你完成以上项目后的感受是：

☐ 平静的	☐ 欣喜若狂的	☐ 受折磨的	其他
☐ 愉快的	☐ 欢欣鼓舞的	☐ 受伤的	其他
☐ 轻松的	☐ 高兴的	☐ 心烦的	其他
☐ 宁静的	☐ 满足的	☐ 闷闷不乐的	其他
☐ 感到满意的	☐ 欢乐的	☐ 生气	其他

按照你所完成的项目，挑选出你可以跟他们进行更深入地交流的人，然后思考你下一步可以进行计划的事情。

我下一步可以进行计划的事情是：

....
....
....
....
....

经过一天的练习，你有什么收获或体验?

我的体会是：

....
....
....
....
....
....
....
....
....

训练日志

日期： 今天是第 天

我今天完成的练习项目是：

☐ 主动向邻居或同事问好

（请记下他们的名字或事情的经过）

....

....

....

☐ 邀请一位不常见面的朋友出来聚会

....

....

....

☐ 遇到合理的服务或不合理的待遇

··

··

··

☐ 跟好友分享一件你未曾告诉其他人的事情

··

··

··

你完成以上项目后的感受如何？无论是喜欢还是难受，都在下面标注出来，以便更深入地了解自己。

你完成以上项目后的感受是：

☐ 平静的	☐ 欣喜若狂的	☐ 受折磨的	其他	
☐ 愉快的	☐ 欢欣鼓舞的	☐ 受伤的	其他	
☐ 轻松的	☐ 高兴的	☐ 心烦的	其他	
☐ 宁静的	☐ 满足的	☐ 闷闷不乐的	其他	
☐ 感到满意的	☐ 欢乐的	☐ 生气	其他	

按照你所完成的项目，挑选出你可以跟他们进行更深入地交流的人，然后思考你下一步可以进行计划的事情。

我下一步可以进行计划的事情是：

经过一天的练习，你有什么收获或体验？

我的体会是：

训练日志

我今天完成的练习项目是：

☐ **主动向邻居或同事问好**

（请记下他们的名字或事情的经过）

....

....

....

☐ **邀请一位不常见面的朋友出来聚会**

....

....

....

□ 遇到合理的服务或不合理的待遇

....

....

....

□ 跟好友分享一件你未曾告诉其他人的事情

....

....

....

你完成以上项目后的感受如何？无论是喜欢还是难受，都在下面标注出来，以便更深入地了解自己。

你完成以上项目后的感受是：

□ 平静的	□ 欣喜若狂的	□ 受折磨的	其他
□ 愉快的	□ 欢欣鼓舞的	□ 受伤的	其他
□ 轻松的	□ 高兴的	□ 心烦的	其他
□ 宁静的	□ 满足的	□ 闷闷不乐的	其他
□ 感到满意	□ 欢乐的	□ 生气	其他

按照你所完成的项目，挑选出你可以跟他们进行更深入地交流的人，然后思考你下一步可以进行计划的事情。

　　我下一步可以进行计划的事情是：

....
....
....
....
....

　　经过一天的练习，你有什么收获或体验？

　　我的体会是：

....
....
....
....
....
....
....
....
....

训练日志

日期： 今天是第 天

我今天完成的练习项目是：

☐ 主动向邻居或同事问好

（请记下他们的名字或事情的经过）

....

....

....

☐ 邀请一位不常见面的朋友出来聚会

....

....

....

☐ 遇到合理的服务或不合理的待遇

....

....

....

☐ 跟好友分享一件你未曾告诉其他人的事情

....

....

....

你完成以上项目后的感受如何？无论是喜欢还是难受，都在下面标注出来，以便更深入地了解自己。

你完成以上项目后的感受是：

☐ 平静的	☐ 欣喜若狂的	☐ 受折磨的	其他
☐ 愉快的	☐ 欢欣鼓舞的	☐ 受伤的	其他
☐ 轻松的	☐ 高兴的	☐ 心烦的	其他
☐ 宁静的	☐ 满足的	☐ 闷闷不乐的	其他
☐ 感到满意的	☐ 欢乐的	☐ 生气	其他

按照你所完成的项目，挑选出你可以跟他们进行更深入地交流的人，然后思考你下一步可以进行计划的事情。

我下一步可以进行计划的事情是：

....

....

....

....

....

经过一天的练习，你有什么收获或体验？

我的体会是：

....

....

....

....

....

....

....

....

....

训练日志

日期：　　　　　　　今天是第　　天

我今天完成的练习项目是：

☐ 主动向邻居或同事问好

（请记下他们的名字或事情的经过）

....
....
....

☐ 邀请一位不常见面的朋友出来聚会

....
....
....

☐ 遇到合理的服务或不合理的待遇

....

....

....

☐ 跟好友分享一件你未曾告诉其他人的事情

....

....

....

你完成以上项目后的感受如何？无论是喜欢还是难受，都在下面标注出来，以便更深入地了解自己。

你完成以上项目后的感受是：

☐	平静的	☐	欣喜若狂的	☐	受折磨的	其他
☐	愉快的	☐	欢欣鼓舞的	☐	受伤的	其他
☐	轻松的	☐	高兴的	☐	心烦的	其他
☐	宁静的	☐	满足的	☐	闷闷不乐的	其他
☐	感到满意的	☐	欢乐的	☐	生气	其他

按照你所完成的项目，挑选出你可以跟他们进行更深入地交流的人，然后思考你下一步可以进行计划的事情。

我下一步可以进行计划的事情是：

....

....

....

....

....

经过一天的练习，你有什么收获或体验？

我的体会是：

....

....

....

....

....

....

....

....

训练日志

日期：　　　　　　今天是第　　天

我今天完成的练习项目是：

☐ 主动向邻居或同事问好

（请记下他们的名字或事情的经过）

．．．．．．．．．．．．．．．．．．．．．．．．．．．．．．．．．．．．．．

．．．．．．．．．．．．．．．．．．．．．．．．．．．．．．．．．．．．．．

．．．．．．．．．．．．．．．．．．．．．．．．．．．．．．．．．．．．．．

☐ 邀请一位不常见面的朋友出来聚会

．．．．．．．．．．．．．．．．．．．．．．．．．．．．．．．．．．．．．．

．．．．．．．．．．．．．．．．．．．．．．．．．．．．．．．．．．．．．．

．．．．．．．．．．．．．．．．．．．．．．．．．．．．．．．．．．．．．．

□ 遇到合理的服务或不合理的待遇

....

....

....

□ 跟好友分享一件你未曾告诉其他人的事情

....

....

....

你完成以上项目后的感受如何？无论是喜欢还是难受，都在下面标注出来，以便更深入地了解自己。

你完成以上项目后的感受是：

□ 平静的	□ 欣喜若狂的	□ 受折磨的	其他	
□ 愉快的	□ 欢欣鼓舞的	□ 受伤的	其他	
□ 轻松的	□ 高兴的	□ 心烦的	其他	
□ 宁静的	□ 满足的	□ 闷闷不乐的	其他	
□ 感到满意的	□ 欢乐的	□ 生气	其他	

按照你所完成的项目，挑选出你可以跟他们进行更深入地交流的人，然后思考你下一步可以进行计划的事情。

我下一步可以进行计划的事情是：

....

....

....

....

....

经过一天的练习，你有什么收获或体验？

我的体会是：

....

....

....

....

....

....

....

....

....

训练日志

日期：　　　　　　　今天是第　　天

我今天完成的练习项目是：

☐ 主动向邻居或同事问好

（请记下他们的名字或事情的经过）

....

....

....

☐ 邀请一位不常见面的朋友出来聚会

....

....

....

☐ 遇到合理的服务或不合理的待遇

....

....

....

☐ 跟好友分享一件你未曾告诉其他人的事情

....

....

....

你完成以上项目后的感受如何？无论是喜欢还是难受，都在下面标注出来，以便更深入地了解自己。

你完成以上项目后的感受是：

☐ 平静的	☐ 欣喜若狂的	☐ 受折磨的	其他
☐ 愉快的	☐ 欢欣鼓舞的	☐ 受伤的	其他
☐ 轻松的	☐ 高兴的	☐ 心烦的	其他
☐ 宁静的	☐ 满足的	☐ 闷闷不乐的	其他
☐ 感到满意的	☐ 欢乐的	☐ 生气	其他

按照你所完成的项目，挑选出你可以跟他们进行更深入地交流的人，然后思考你下一步可以进行计划的事情。

　　我下一步可以进行计划的事情是：

....

....

....

....

....

　　经过一天的练习，你有什么收获或体验？

　　我的体会是：

....

....

....

....

....

....

....

....

....

第 5 周的练习

表达感受篇

当你在表达自己的感受时，可以参考以下原则，这会让你传递出来的信息更加直接有效。

说话的五大原则：

1.说话要精确：你需要有明确的对象和明确的信息。

2.说话要简单：你需要直接表明你的感受，不要拐弯抹角。

3.说话要诚实：你需要讲出自己真实的感觉。

4.让感觉说话：你需要养成表达感受的习惯，不妨多用"我的感觉是……"作为每句话的开端。

5.说话要恰当：你需要选择温和且效率高的方式去表达自己的感受。

说话时必须避免的四大要点：

1. 避免过于理性化：不要只告诉别人你在想什么，因为思想是理性的产物，很可能不牵涉任何感受。

2. 避免只说出经过：不单单告诉别人事情发生的经过，你的情感反应才是最重要的。

3. 避免筛选感受：不要只表达你认为或别人认为你应该有的感受，每个人都必须清楚及接近自己的感受，才能达到提升自信的目标。

4. 避免极端的反应：不要以为大发雷霆或悲伤哭泣才算是表达感受。如果你常常有这类极端的表现，说明你并没有表达感受的习惯，要到忍无可忍的地步才能爆发出来。

本周的练习是你跟别人说话时的表达方式，你可以考虑以下列句子作为开端：

"我喜欢你刚才所说的话……"

"我不需要你替我……"

"我不喜欢你刚才所做的事……"

回想今天你跟别人说话时的表达方式，并且把这些话记下来。一个星期后，你可以看到自己所取得的丰硕成果。

我今天所说的有关感受的话是：

....
....
....
....
....
....
....

当你跟别人说出自己的感受时，你所面对的困难是什么？记下你的困难，以便日后更深入地了解自己的内心世界。

我所面对的困难是：

....
....
....
....
....
....
....

当你知道自己所面对的困难时，你的感受是怎样的？请记下你当时的感受，不论是难受的，还是心平气和的，都在下面标注出来。

☐ 平静的	☐ 失望的	☐ 受折磨的	其他	
☐ 愉快的	☐ 沮丧的	☐ 受伤的	其他	
☐ 轻松的	☐ 高兴的	☐ 心烦的	其他	
☐ 宁静的	☐ 激励的	☐ 闷闷不乐的	其他	
☐ 郁闷的	☐ 不快乐的	☐ 生气	其他	

经过一天的努力后，请记下你今天的体会。

我今天的体会是：

....

....

....

....

....

....

....

....

....

训练日志

日期：　　　　　今天是第　　天

我今天所说的有关感受的话是：

....

....

....

....

....

我所面对的困难是：

....

....

....

....

我的感受是：

☐	平静的	☐	失望的	☐	受折磨的	其他
☐	愉快的	☐	沮丧的	☐	受伤的	其他
☐	轻松的	☐	高兴的	☐	心烦的	其他
☐	宁静的	☐	激励的	☐	闷闷不乐的	其他
☐	郁闷的	☐	不快乐的	☐	生气	其他

我今天的体会是：

....

....

....

....

....

....

....

....

....

....

训练日志

日期：　　　　　　今天是第　　天

我今天所说的有关感受的话是：

....

....

....

....

我所面对的困难是：

....

....

....

....

我的感受是：

☐ 平静的	☐ 失望的	☐ 受折磨的	其他	
☐ 愉快的	☐ 沮丧的	☐ 受伤的	其他	
☐ 轻松的	☐ 高兴的	☐ 心烦的	其他	
☐ 宁静的	☐ 激励的	☐ 闷闷不乐的	其他	
☐ 郁闷的	☐ 不快乐的	☐ 生气	其他	

我今天的体会是：

....

....

....

....

....

....

....

....

....

....

....

训练日志

日期：　　　　　　　今天是第　　天

我今天所说的有关感受的话是：

....

....

....

....

....

我所面对的困难是：

....

....

....

....

....

我的感受是：

☐	平静的	☐	失望的	☐	受折磨的	其他
☐	愉快的	☐	沮丧的	☐	受伤的	其他
☐	轻松的	☐	高兴的	☐	心烦的	其他
☐	宁静的	☐	激励的	☐	闷闷不乐的	其他
☐	郁闷的	☐	不快乐的	☐	生气	其他

我今天的体会是：

....

....

....

....

....

....

....

....

....

....

训练日志

日期：　　　　　　今天是第　　天

我今天所说的有关感受的话是：

....

....

....

....

....

我所面对的困难是：

....

....

....

....

....

我的感受是：

☐ 平静的	☐ 失望的	☐ 受折磨的	其他
☐ 愉快的	☐ 沮丧的	☐ 受伤的	其他
☐ 轻松的	☐ 高兴的	☐ 心烦的	其他
☐ 宁静的	☐ 激励的	☐ 闷闷不乐的	其他
☐ 郁闷的	☐ 不快乐的	☐ 生气	其他

我今天的体会是：

训练日志

日期：　　　　　　今天是第　　天

我今天所说的有关感受的话是：

....
....
....
....
....

我所面对的困难是：

....
....
....
....
....

我的感受是：

☐ 平静的	☐ 失望的	☐ 受折磨的	其他
☐ 愉快的	☐ 沮丧的	☐ 受伤的	其他
☐ 轻松的	☐ 高兴的	☐ 心烦的	其他
☐ 宁静的	☐ 激励的	☐ 闷闷不乐的	其他
☐ 郁闷的	☐ 不快乐的	☐ 生气	其他

我今天的体会是：

....

....

....

....

....

....

....

....

....

....

训练日志

日期：　　　　　　今天是第　　天

我今天所说的有关感受的话是：

．．

．．

．．

．．

．．

我所面对的困难是：

．．

．．

．．

．．

．．

我的感受是：

☐	平静的	☐	失望的	☐	受折磨的	其他
☐	愉快的	☐	沮丧的	☐	受伤的	其他
☐	轻松的	☐	高兴的	☐	心烦的	其他
☐	宁静的	☐	激励的	☐	闷闷不乐的	其他
☐	郁闷的	☐	不快乐的	☐	生气	其他

我今天的体会是：

训练日志

日期： 今天是第 天

我今天所说的有关感受的话是：

....

....

....

....

....

我所面对的困难是：

....

....

....

....

我的感受是：

☐ 平静的	☐ 失望的	☐ 受折磨的	其他
☐ 愉快的	☐ 沮丧的	☐ 受伤的	其他
☐ 轻松的	☐ 高兴的	☐ 心烦的	其他
☐ 宁静的	☐ 激励的	☐ 闷闷不乐的	其他
☐ 郁闷的	☐ 不快乐的	☐ 生气	其他

我今天的体会是：

....

....

....

....

....

....

....

....

....

....

07

第 6 周的练习

认识自我多一点

经过这两周的练习后，你应该清楚地掌握了别人对自己的期望和自我的需要，以及当两者出现差异后你的处理方法和感受。现在，我们将不同的性格类型粗略分为以下三种：侵略型、被动型和自信型。其特征如下：

侵略型

侵略型性格的人常会有侵略行为，如打架、指控别人和威吓别人。他们通常践踏别人的感受，而且不理会他人的感受。虽然别人不敢欺负和摆布侵略型性格的人，但也没有人敢走近他们。

被动型

被动型性格的人通常任由别人摆布。他们不会主动争取自己的权益，无论喜欢与否，他们只会按别人的吩咐做事。被动型性格的人的优势是不会被别人拒绝，缺点是经常被别人利用，心里常怀不满和愤恨。

自信型

自信型性格的人会维护自己，表达自己的真正感受，不允许别人任意摆布。与此同时，他也会顾及别人的感受。自信的人的处事特点是清楚自己所做的事情，清楚自己的权利和义务，以及不会轻易剥削别人的权利。

只要你决心做自信型的人，那么以后就不需要再逆来顺受、退缩、攻击或指责别人，这些行为只会使你逃避问题，制造更多的压力和痛苦。无论是攻击型的行为，还是被动型的行为，都不能让你获得想要的结果。自信型的人通常表现得开放、诚实和肯定，并且能保持适当灵活。自信型的人不太会紧张，在社交生活中更加自由和自主。

我们在家庭和学校中受到的教育，通常将自我肯定等同于侵略行为，令我们对自信的行为产生犯罪感，致使我们失去了学习自信的机会。自信的一个好处就是可以增加个人的自由，

没有人是应该受别人支配和摆布的。而且，自信能带来情绪上的自由，自信能够帮助我们用更直接和肯定的态度来表达自己的不快和愤怒，这样就能使我们减少忧虑，并以友善、诚实和开放的态度来表达我们的感受。

虽然自信的人平常的反应大多是正面的，但也有一小部分人总希望别人顺从他们的想法，他们会用各种方法来迫使人们放弃自己的选择。下面总结的是这类人常用的方法和一些如何应对他们的技巧：

反应	常用方法	处理技巧
指责	在你面前或背后投诉和抱怨	不用理会他们的反应
攻击	通过言语来攻击你	不要直接跟他们发生冲突。一定要坚持你的立场，不要跟他们道歉。你可以对他们的不快深表遗憾，但千万不要动摇自己的立场
生气	表示因你的自信而受到伤害	可以对他们的表现深表同情，但不要做出让步

反应	常用方法	处理技巧
过分有礼	为自己的表现道歉，表现得过分谦虚，甚至想避开你	向他指出这是不必要的，然后再以坚定的方式来表达你的立场和看法
报复	以嘲笑来响应你的观点和立场	需要立即做出回应以停止这些行为。你要重申你的立场，并了解他为何要这样做。有时你需要跟他单独处理这个问题，而不是在其他人面前处理
否认	否认他人所说的或所做的事情	需要为你可能错误的判断做出道歉。但最重要的还是重申你的立场。例如："这是我的理解，如果我的理解不对，我为此感到抱歉。但如果我的理解是对的，那么我会继续坚持我的看法。"
过分敏感	有些人在个性上过于软弱，或者有所欠缺。这时，一个自我肯定的响应可能会进一步伤害到这些人	任何进一步的回应都不太合适

如果你真的是错误的，那么你需要适时地向他人道歉。

拒绝篇

在适当的时候拒绝别人的要求。生活中会有许多人向你提出要求，可能他们的目的仅仅是自己得到方便。如果不在适当的时候拒绝这些不合理的要求，就会让你产生许多不快乐的情绪。当别人请你做一件你不想做的事情时，你可以说"不"。当你没有空闲的时候，你也可以说"不"。

当你懂得拒绝别人后，你与其他人沟通时就不会刻意掩饰自己的不满情绪，而是直接并充满诚意地与对方交流。你不必做一些令自尊心受损的事情，你可以全心全意做那些你认为重要的工作，这样你在做事时心中就不会充满莫名的愤怒了。

事业篇——企业领导

　　人生的压力之一源自人们对自己事业的要求，而事业上的压力来源又可以分为事业发展方向上的困难和营运上的困难两个方面。本周的练习主要是思考以下几个问题，其中许多问题不是一天或两天就可以得出答案的，也不需要每天都问一遍，而是需要在一周的时间里仔细思考每个问题，并积极寻找相关的答案。

事业发展方向

你的理想事业发展得怎么样？

你暂时先不要考虑现有企业的发展方向，而是把你心中认为最好的企业发展方向记下来。

....

....

....

....

....

....

....

....

你现在企业的发展情况如何?

企业在朝哪个方向发展?企业日常的营运情况、财政现状，员工的招聘和流失情况如何?

企业的现状跟你的理想之间差距有多大？

你满意这个差距吗？如果不满意的话，你需要怎样做才可以实现理想？

营运上的困难

请详细列出在企业日常营运中最令你困扰的问题。

....

....

....

....

....

....

你认为造成这些问题的原因在哪里？

造成这些问题的原因是你自己，还是员工？或者是其他一些因素？

....

....

....

....

....

....

....

....

....

如果你认为是员工的问题，你觉得你为他们提供足够的培训了吗？或者你有没有授权给他们来独立完成这些工作呢？

在现代企业里，信任是最大的激励。Desmond 是一家跨国公司驻上海的总经理，他在这家公司已经工作十几年了。Desmond 宁愿不做自己家族的生意，而为别人打工，原因就在于这家公司的董事会非常信任他，他在中国市场有很大的决策权和发展空间。他认为，做人做事都凭着一份感觉，是不是自己家的公司反而不那么重要。

信任在建立人际和专业关系中是最重要的单一因素，也是黏合追随者和领导人关系的强力胶。信任可以赢得员工的心，激励他们按照领导人的期望成长。授权是领导人的另一个有力工具，它可以有效增加员工个人的生产力及部门或组织的生产力。授权还可以增加员工在组织内的主动性，因为授权给了员工成长的机会，使他们习惯于成功。

但是，并不是每一个领导人都善于授权，以下是几个领导人最担心的原因：

不安全

有些领导人担心，若他们不控制住公司的一切，就表明他们没有做好工作，他们怕别人批评他们这样做是因为畏惧责任。

对别人缺乏信心

有些领导人认为员工的能力不足以承担重任，所以不愿意做任何授权。他们不明白，想要员工成长，就需要给他们机会犯错，并让他们从错误中学习。想要公司获得成功，领导人必须跨出允许员工承担部分责任的重要一步。

缺乏训练他人的能力

成功的授权，不是简单地把工作丢给员工，而不为他们准备。相反，领导人必须不断地支持员工，应对授权前后可能发生的错误，做好充分的准备。

个人喜欢的工作

现实中，很难让人放手不做自己爱做的工作。但是，有时候放手让员工做他喜欢的工作，是领导人可以做出的最佳选择之一。领导人必须问自己一个问题，即这项工作能否由别人完成，如果可以，领导人应该把这部分工作授权给别人，自己则应该集中于做那些别人做不到的事情。

找不到别人来做

领导人找不到员工做事，主要原因可能是他找得不够认真，或者是他没有时间来寻找。这应该是领导人不授权的普遍理由。但这只是一种短期的思考模式，其实，为寻找授权员工而损失的时间，到头来是可以补回来的。

"我做得最好"的心态

这种心态一定会阻碍领导人将权力交出去，因为这类领导人相信只有自己才是做这项工作的最好人选。持这种心态的领导，其主要问题是不愿意自己从做事转移到经营上去。领导人需要明白的是，你不能控制别人做事，每个人有不同的做事方法，而且他们都想证明自己的方法是最好的。所以，领导人应该做公司的管理者，管理者的功能是分析结果，而不是控制员工怎样做好具体的事情。

事业篇——员工

如果你正面对着上司或客户的要求和期望，你需要跟上司或客户好好讨论一下，借此厘清上司或客户对你的期望到底是什么。

（跟上司和客户）你对我的工作有什么期望？

....

....

....

....

....

（跟上司）公司未来的发展方向如何？我应该怎样配合公司的长期发展？

（跟客户）我们公司需要提供哪些服务，来配合您那边的业务发展？

....

....

....

....

....

（跟上司）我现在的表现怎么样？我的长处有哪些？在哪些方面我可以做得更好？

（对客户）你对我们公司的表现有何评价？在哪些方面我们公司可以做得更好？

（跟上司）我还需要在哪些方面加强知识或专业技能，以使我能更好地胜任现在的工作？

（跟上司）如果工作中出现问题，我可以在哪些方面寻求您的帮助？

（跟上司）如果我维持现在的工作水平，您预计我最后可以得到什么？

（跟客户）如果我们公司维持现在的服务水平，您是否会继续使用我们公司的服务？

如果你的上司是一个坦诚和率直的沟通者，以上的讨论就能直接帮助你减轻压力；如果你的上司是一个深藏不露、会轻易发怒或是要求过多的人，你就不能单靠以上方法跟他讨论，而是要了解他的动机后才能为自己争取权益。

　　你的上司是不是一个很难相处的人？他是不是有一个相处不愉快的家庭？他是不是想待在这里直至退休？他是不是将所有创新的方法视为不必要的改动和威胁？他会不会是一位好好先生，所以永远不向你说一些有建设性的批评？他会不会是一个深沉如海的人，所以永远不让你知道他的真实想法？他是不是已经被沉重的工作压得透不过气来？他是不是完美主义者，同时要求自己和别人都必须是完美无瑕的？你的上司是不是一直坚持自己的想法是正确的，并且批评他人的想法？他会不会是一个缺少自信的人，希望别人能认同他的想法？

　　当你知道上司的个性和工作动机后，你就可以按他的特点跟他相处，以取得你想要的结果。例如：当你面对一个挑剔的上司时，你可以赞赏他的成就，以满足他被认同的需要。你可以坦诚地跟他说出你的感受，表示需要正面响应和建设性的批评。当你面对一个有完美主义思想的上司时，你要知道他本身也承受着巨大的压力，你可以以问卷的形式向他表示你的感受，如果可以的话，多找几位同事一起填写问卷。如果你的上司是一个深沉如海的人，你就需要当面跟他对话，以了解他对你的期望。

一些练习

描述你的上司有哪些行为是令你在相处时感到困难的：

你认为他行为背后的动机是：

以你对上司的动机的了解，预测一下他下一步的行为和想法：

————————————————————

————————————————————

————————————————————

————————————————————

————————————————————

————————————————————

————————————————————

————————————————————

————————————————————

————————————————————

————————————————————

有些时候，要改变上司是一件很困难的事情。所以，主动改变你自己，是另一种与上司改善关系的好方法。你可以考虑在上司认为重要的事情上支持他，然后当他心情愉快时，才与他据理力争，说明自己的想法和观点。

冲突出现时的谈判技巧

当你与上司或同事出现冲突时，你可以用下面的四个步骤来处理，以达成双方均可接受的方案。

1.说明你所面对的问题（使你出现压力的原因）。

2.说明你的感受。

3. 说明这些问题如何影响到你的生产效率和工作动力。

4. 说明你的解决方法，如何令冲突双方达到共赢。

08

第 7 周的练习

社交篇（一）——自信心

社交生活不只为你带来安全感，还确定了你的自我价值。朋友间的彼此接纳让你知道，在遭遇困难时，他们一定会伸出援手；在开心快乐的时候，他们也一定会跟你分享。交朋结友时，你应该和那些性格相近的人交往，如果你性格比较内向，选择的朋友应该偏文静的人。当然，你应该会有活跃的一面，所以你的社交圈子中也要有两三个活泼好动的朋友。

你在发展社交生活时有几点需要注意：首先，友谊的建立是渐进的，贸然向陌生人倾诉心事，会令他人不知所措，采取对你避之大吉的态度；其次，如果你不让别人接触你的内心世界，开始可能不会有问题，但以后会令人感觉到有种无形的围墙阻碍着你们之间友谊的发展，当他们尝试突破失败后，可能会放弃这段友谊。

如果你平时只是在购物、工作或有需要的情况下才与别人沟通，一旦不必与人沟通，你便马上选择避世，甚至连家人也不想见，社交技巧疏于运用，你便有更多的压力需要躲起来，最终成为彻底的避世者。你可能也会走出自我的框架，投身于社交生活，但当与人的距离拉近时，又会马上退缩，使你的社交生活不能正常进行。如果你们是誓言长相厮守的夫妇，两人眼中只有对方，期望对方完全满足自己的需要，却完全不去尝试通过社交生活来拓展自身的视野，那么最后双方的关系可能会进展到苛求对方理解自己，亦可能会由于缺乏社交生活的充实及点缀，而对婚姻关系产生厌烦的感觉。

每个人的社交模式都不相同。如果你对开展社交生活没有充分的信心，就可以参考下面的法则：

首先，增加和现有朋友的接触，多些社交活动自然会增强你的社交信心；其次，如果你的朋友邀请你参加其他朋友的聚会，不妨应允，这是拓展社交圈子的机会。在聚会中，你不要做旁观者，而要为自己订下一些规则，比如规定自己必须跟两个不认识的人闲谈。

当你与别人有初步的社交接触后，还必须将关系加深。除了密切的联络外，还要逐渐和朋友分享你的内心世界，同时去探索一下朋友的内心世界。请你注意，不要太过急进，否则很可能把别人吓跑。由表面逐渐发展至中层关系后，你便能够精确地评估对方是否适合深交。

订下你今天要达成的社交目标。如果你还没有充分的信心，可以先跟你现有的朋友加强联系。

我今天要联系的人是：

....
....
....
....
....
....

当你跟他们联系时，你要面对怎样的困难？你的困难源自于你的心态，还是其他问题？你是害怕被别人拒绝，害怕自己的技巧不足，还是你要联系的人太忙，难以约见他们？

我所面对的问题是：

....
....
....
....
....
....
....

面对困难时，你如何解决？

我的解决方法是：

....

....

....

....

....

....

经过这一天的经历，你从中学到了什么？有什么体会？

我的体会是：

....

....

....

....

....

....

....

....

训练日志

日期： 今天是第　　天

我今天要联系的人是：

···

···

···

···

···

我所面对的问题是：

···

···

···

···

···

我的解决方法是：

⋯⋯⋯⋯⋯⋯⋯⋯⋯⋯⋯⋯⋯⋯⋯⋯⋯⋯⋯⋯⋯⋯⋯⋯⋯⋯⋯⋯⋯⋯⋯⋯

⋯⋯⋯⋯⋯⋯⋯⋯⋯⋯⋯⋯⋯⋯⋯⋯⋯⋯⋯⋯⋯⋯⋯⋯⋯⋯⋯⋯⋯⋯⋯⋯

⋯⋯⋯⋯⋯⋯⋯⋯⋯⋯⋯⋯⋯⋯⋯⋯⋯⋯⋯⋯⋯⋯⋯⋯⋯⋯⋯⋯⋯⋯⋯⋯

⋯⋯⋯⋯⋯⋯⋯⋯⋯⋯⋯⋯⋯⋯⋯⋯⋯⋯⋯⋯⋯⋯⋯⋯⋯⋯⋯⋯⋯⋯⋯⋯

⋯⋯⋯⋯⋯⋯⋯⋯⋯⋯⋯⋯⋯⋯⋯⋯⋯⋯⋯⋯⋯⋯⋯⋯⋯⋯⋯⋯⋯⋯⋯⋯

⋯⋯⋯⋯⋯⋯⋯⋯⋯⋯⋯⋯⋯⋯⋯⋯⋯⋯⋯⋯⋯⋯⋯⋯⋯⋯⋯⋯⋯⋯⋯⋯

⋯⋯⋯⋯⋯⋯⋯⋯⋯⋯⋯⋯⋯⋯⋯⋯⋯⋯⋯⋯⋯⋯⋯⋯⋯⋯⋯⋯⋯⋯⋯⋯

⋯⋯⋯⋯⋯⋯⋯⋯⋯⋯⋯⋯⋯⋯⋯⋯⋯⋯⋯⋯⋯⋯⋯⋯⋯⋯⋯⋯⋯⋯⋯⋯

我的体会是：

⋯⋯⋯⋯⋯⋯⋯⋯⋯⋯⋯⋯⋯⋯⋯⋯⋯⋯⋯⋯⋯⋯⋯⋯⋯⋯⋯⋯⋯⋯⋯⋯

⋯⋯⋯⋯⋯⋯⋯⋯⋯⋯⋯⋯⋯⋯⋯⋯⋯⋯⋯⋯⋯⋯⋯⋯⋯⋯⋯⋯⋯⋯⋯⋯

⋯⋯⋯⋯⋯⋯⋯⋯⋯⋯⋯⋯⋯⋯⋯⋯⋯⋯⋯⋯⋯⋯⋯⋯⋯⋯⋯⋯⋯⋯⋯⋯

⋯⋯⋯⋯⋯⋯⋯⋯⋯⋯⋯⋯⋯⋯⋯⋯⋯⋯⋯⋯⋯⋯⋯⋯⋯⋯⋯⋯⋯⋯⋯⋯

⋯⋯⋯⋯⋯⋯⋯⋯⋯⋯⋯⋯⋯⋯⋯⋯⋯⋯⋯⋯⋯⋯⋯⋯⋯⋯⋯⋯⋯⋯⋯⋯

⋯⋯⋯⋯⋯⋯⋯⋯⋯⋯⋯⋯⋯⋯⋯⋯⋯⋯⋯⋯⋯⋯⋯⋯⋯⋯⋯⋯⋯⋯⋯⋯

⋯⋯⋯⋯⋯⋯⋯⋯⋯⋯⋯⋯⋯⋯⋯⋯⋯⋯⋯⋯⋯⋯⋯⋯⋯⋯⋯⋯⋯⋯⋯⋯

训练日志

日期： 今天是第 天

　　我今天要联系的人是：

....

....

....

....

....

　　我所面对的问题是：

....

....

....

....

....

我的解决方法是：

....

....

....

....

....

....

....

....

我的体会是：

....

....

....

....

....

....

....

....

训练日志

日期： 今天是第 天

我今天要联系的人是：

....

....

....

....

....

我所面对的问题是：

....

....

....

....

....

我的解决方法是：

我的体会是：

训练日志

日期：　　　　　　今天是第　　天

我今天要联系的人是：

....

....

....

....

....

我所面对的问题是：

....

....

....

....

....

我的解决方法是：

....

....

....

....

....

....

....

....

我的体会是：

....

....

....

....

....

....

....

....

训练日志

日期：　　　　　　今天是第　　天

我今天要联系的人是：

....

....

....

....

....

我所面对的问题是：

....

....

....

....

....

我的解决方法是：

....

....

....

....

....

....

....

我的体会是：

....

....

....

....

....

....

....

训练日志

日期：　　　　　今天是第　　天

我今天要联系的人是：

....

....

....

....

....

我所面对的问题是：

....

....

....

....

....

我的解决方法是：

我的体会是：

训练日志

日期： 今天是第 天

我今天要联系的人是：

....

....

....

....

....

我所面对的问题是：

....

....

....

....

....

我的解决方法是：

我的体会是：

社交篇（二）——信任

除了自信心外，与别人接触缺乏深度的交往也是很普遍的情况。有一些人的自信心很强，社交能力也不低，然而他们与人相处只是流于表面。原因就在于他们对他人并不信任。他们不信任别人，猜忌别人，因此不能与别人建立互信的关系。

例如，一些富豪与别人交往时总是有所顾忌，因为他们的心态是别人与他们建立关系只是为了得到利益，别人不是真心与他们交往的。所以，这些富豪由于信任问题，不能与别人建立良好深入的社交关系。

由以上的例子我们可以看到，信任是人际关系中的一个关键点。根据人本教练模式，有关信任的先决条件是对自己信任，从而可以对别人信任，以建立双方互信的关系。

本练习的目的主要是提升你在社交圈中对别人的信任程度。

现在，请你找一个不信任的人。

他是谁？ ....

为什么你不相信这个人呢？你害怕变成怎样的局面？

例如，我不信任这个人是因为他曾向我借钱但不还钱，我害怕他会继续骗走我的钱。

....
....
....
....
....

形容一下你与这个人的关系是怎样的。

....
....
....
....
....

当你不信任这个人时，你失去的是什么？

....
....
....
....

虽然"我信任你"的主动权在"我"，可是人们往往把信任的重点放于"你"，抱着"你做了什么，我就信任你"的心态。其实，信任的主动权在"我"，不论别人做了什么，你都可以信任他。信任自己的人，必定会信任自己能够令别人不骗自己，从而做到百分之百信任他人。就如诸葛亮七擒七纵的故事一样，孟获一次又一次地骗他，可是诸葛亮一次又一次地放走他，为何？因为诸葛亮对自己有着百分之百的信心，他相信自己有能力使孟获信服，所以诸葛亮对孟获可以说有着百分之百的信任。

　　你有信心令别人不骗你而完全信任他人吗？

....

....

....

....

....

　　信任的"因"是创造，信任可以令一帮人团结起来，创造更多的事物，由此人们可以看到信任的威力。现在，你可以尝试体验一下信任的威力。

1.当你与一个你信任的人一起工作的时候，你工作的动力有多大呢？（1分——最小动力，5分——最大动力）

	1	2	3	4	5	
最小动力　　　　　　　　　　　　　　　　　　　　最大动力

2.当你与一个你信任的人一起工作的时候，被你信任的那个人的工作动力有多大呢？（1分——最小动力，5分——最大动力）

	1	2	3	4	5	
最小动力　　　　　　　　　　　　　　　　　　　　最大动力

3.当你与一个你不信任的人一起工作的时候，你工作的动力有多大呢？（1分——最小动力，5分——最大动力）

	1	2	3	4	5	
最小动力　　　　　　　　　　　　　　　　　　　　最大动力

4.当你与一个你不信任的人一起工作的时候，你不信任的那个人的工作动力有多大呢？（1分——最小动力，5分——最大动力）

	1	2	3	4	5	
最小动力　　　　　　　　　　　　　　　　　　　　最大动力

在未来一周，请你尝试与这个你不信任的人联系。在联系前，请你先完成以下的练习。

当跟这个不信任的人联系时，你要面对怎样的困难？你的困难是源自心态，还是源自其他的问题？

例如，我与这人所持的价值观不同，话不投机。

....

....

....

....

你想与这个人创造什么不同的关系？

....

....

....

....

在与这个人接触的过程中，你害怕面对的是什么？

....

....

....

....

你会如何突破潜在的恐惧?

....

....

....

....

当你与这个不信任的人联系时,你可能面对的问题是什么?

....

....

....

....

面对困难时,你会如何解决?

....

....

....

....

现在,请你尝试与这个人做出联系,待完成联系后,请你完成以下的检视,并总结一下你的体会及一些成功及不足的地方。

社交篇（三）——检视

在这次联系的过程中，你从中学到了什么？有什么体会？

我的体会是：

....

....

....

....

....

....

....

....

当你与这个不信任的人交往时，你有什么感觉？

....

....

....

....

....

....

....

在这次联系中，你认为自己有什么不足的地方？

在未来的日子里，你会怎样改善这些不足呢？

五种应对模式

经过上面 7 周的练习，你可能会发现自己有一些常用的语言和行为，从中你能了解更多的自己。以下是五种不同类型的人的行为、常用语言、主要情感、自我概念和所拥有的资源。通过这些资料，你可以为自己定下更适合的方法。

你是否喜欢讨好别人

你是不是老是用恳求的神情，不是跟这人道歉、哀求，就是请求那人宽恕，而且你经常显得过于友善和雀跃？你常用的言语包括："这都是我的错""没有了你，我就一文不值""你喜欢什么""没事、没事"。

你所表达的主要的情感是受到别人的伤害、悲伤、焦虑、不满和被压抑的愤怒，你认为自己是低自我价值，缺乏自信和远离自我的，不能欣赏现在已拥有的，老是把焦点放在对自己的期待上。你的自我资源是关怀和滋养别人，而且对别人敏感。

你是否喜欢指责别人

你常常表现出愤怒的神情，常常对别人指责、咆哮斥喝、恐吓，而且经常批判别人，喜欢吹毛求疵，凡事要求完美，时常控制别人和表现独裁的一面。常用的言语包括："这都是你的错""你到底在搞什么""你从来都没做对过""要是你……那就……""我完全没错"。

你所表达的主要的情感是愤怒、挫折、不信任、不满、被压抑的受伤、害怕失去控制和孤单。你认为自己是低自我价值，而且是不成功的。你常常远离自我，感到无助和缺乏控制，老是把焦点放在对他人的期待上。你的自我资源是自我争取，会为了自己的目标而奋斗，有领导才能，充满干劲。

你是否喜欢抽象思维

你是不是常常维持僵硬而刻板的姿势，样子看起来很冷淡，而且显露出严肃又高人一等的神情？你喜欢提出建议让别人跟随，你常用的语言特色是逻辑而客观的，习惯引述规条及抽象的想法、冗长的解释，并避开有关个人的或情绪上的话题，仅

显露少许情绪。虽然你外表极为冷静和客观，但内心极为敏感，常常感到孤单、孤立和空虚。你很害怕失去控制，而且无法表露感受。你的自我资源是知识丰富、能注意细节和善于解决问题。

你是否喜欢开玩笑

你不是活力过多，就是活力不足。你平日很少能安定下来，爱表现得傻傻的，希望能争取别人的注意力。你常常改变话题以分散注意力，很少能专注于一件事上，会尽量避开有关个人的或情绪上的话题，喜欢开玩笑、言不及义和打断话题。你仅显露少许真正的情绪，内心极为敏感，容易感到孤单、焦虑、悲伤、空虚和被误解。你害怕失去控制，容易显示脆弱和困惑。你认为自己是低自我价值，同时缺乏自信和远离自我。你感到缺乏控制，无法表露真实的感受，没有人在乎和没有归属感。你的自我资源是幽默、极具自发性、充满创造力和有弹性。

你是否内外一致

你是充满活力和创造力的，整个人朝气勃勃，有自信而且能干，对别人负责任，能接纳自己和别人，内心充满爱。你不会隐藏自己的感受和思想，以及对别人和事情的期待、愿望，对自己不喜欢的事情也会开放地分享，愿意聆听他人，尊重自己和他人。你所表达的情感是平和的、平静的、有爱心的。你为人脚踏实地，高自我价值，能干，能够欣赏自己，庆幸自己的独特性，接纳价值的平等和与生命力联结。你的自我资源是自我觉察、负责任的、开放的、关怀自己与他人、内外一致。

每一个人都希望能得别人的认同，但不是每次都会得到别人的认同，故需要接纳别人不是每次都得到认同。以下故事希望可以给你启发：

意大利男高音歌唱家安德烈·波切利（Andrea Bocelli）是个盲人。他父母很爱他，希望他能为一份有固定收入的工作而读书，比如律师。波切利是个很听话的孩子，他深知父母对他的好意，虽然他自小就只对音乐有兴趣，但在大学还是勉为其难地选读法律。意大利大学的法律系要读五年，波切利也乖乖地熬了五年，然后出来执业。但他内心要走音乐之路的声音从来没有停止过。刚出来做律师的第一年，他内心极其痛苦，他每天做的事不是他喜欢做的，他渴望做的又似乎离他甚远。有一天，他终于按捺不住，录了一盒录音带给他的父母，告诉他们他心底的渴望，然后告别了父母，独自一个人孤身走自己的路了。

现在回想你过往的经历：有哪件事情你需要别人的认同？别人的反应如何？哪些是因为过往的经历而影响着你日后对别人认同的期望？

....

....

....

....

....

....

....

当别人不认同你的时候，你的感觉如何？

☐ 平静的	☐ 失望的	☐ 受折磨的	其他
☐ 愉快的	☐ 沮丧的	☐ 受伤的	其他
☐ 轻松的	☐ 乐观的	☐ 心烦的	其他
☐ 宁静的	☐ 激励的	☐ 闷闷不乐的	其他
☐ 郁闷的	☐ 不快乐的	☐ 生气	其他

当别人跟你的意见不同的时候，你会怎样处理？

....

....

....

....

....

....

....

....

你的体验是：

....

....

....

....

....

....

....

....

总 结

现在检视一下在前几个月练习中的你的收获。经过这几个月的练习，综合你对自己的期望，把它们都写下来。

当别人对你的期望与你的想法有差异时，你会怎么做？你需要扪心自问，你是以坚定的立场向别人澄清，还是跟随别人的方向？哪种处理方法令你感到活出了真我？

活出真我，走出自己的路，就是不要活在别人的期望之下，纵使别人的意见跟你不一致，你也清楚地知道自己应该选择什么样的路。

如果在工作上，上司和同事对你的期望跟你自己的期望不同，你会怎样处理？经过几个月的训练后，你的处理方法跟以前有什么不同？不同之处在哪里？千万别忽略自己的感受。当你觉得别人的期望让你感到压力时，你需要跟上司或同事讨论你的困惑。

　　你认为自己是一个怎样的人？无论你是一个什么样的人，你都是世上独一无二的你。你需要做的是坦诚地了解自己，不论优点还是缺点，你只需要向自己交代。最后你要接纳自己、肯定自己和认同自己。一个不能认同自己的人，也不可能得到别人的认同。你要信任别人，就要先信任自己。

10 第9—12周的练习

你已掌握了信任模式的入门方法，现在用信任模式——创造、无惧和放弃控制来处理以下个案：

处理个案时需要考虑的要点：

1.信任是源自一个信念：相信自己有能力处理任何可能发生的局面。

2.一般人认为信任别人，所以被骗。但实际上，受骗是在信任别人后太过随便导致的。

3.信任是相信自己有能力去创造新的关系。

4.信任能够激发对方的潜能。

5.创造源于信念。无惧是因为真心相信这个信念，以至自己能专注于创造关系。

6.害怕被骗就没办法去创造。

7.无惧就是信任的跳跃。

8.恐惧就是害怕失去所拥有的，对自己没有自信。不信任别人是害怕自己没有能力应付可能发生的事情，不相信自己有能力来创造新关系。

9.放弃控制就是能够压抑自己控制别人的欲望，不去控制别人。

案例一

你现在是某集团上海分公司的总经理，公司有 160 人。你到任的时候，分公司的月营业额是 800 万元。你订立了以下目标：第一个月要完成 1100 万元；第二个月要完成 1200 万元；第三个月要完成 1500 万元。很多员工觉得这目标不可能完成，销售部门主管和销售部的同事也萌生去意。面对这种情况，你会怎样做？

你是选择更改所拟定的销售额，还是继续维持所订的目标，然后用其他方法来处理员工的去留问题？

....
....
....
....
....
....

　　现在来了一个销售部同事，他没有信心达到你所订立的营业额目标，你会怎么办？

....
....
....
....
....
....
....
....

训练日志

日期：　　　　　　今天是第　　天

我会用什么方法来挽留员工？

....

....

....

....

....

我会如何提高员工的士气？

....

....

....

....

....

当业务员不能达到指定的营业额时，我会怎么办？

....

....

....

....

....

....

....

....

我的体会是：

....

....

....

....

....

....

....

....

训练日志

日期：　　　　　　今天是第　　天

我会用什么方法来挽留员工?

....

....

....

....

....

我会如何提高员工的士气?

....

....

....

....

....

当业务员不能达到指定的营业额时，我会怎么办？

....
....
....
....
....
....
....
....

我的体会是：

....
....
....
....
....
....
....
....

训练日志

日期： 今天是第 天

我会用什么方法来挽留员工?

....

....

....

....

....

我会如何提高员工的士气?

....

....

....

....

....

当业务员不能达到指定的营业额时，我会怎么办？

．．．

．．．

．．．

．．．

．．．

．．．

．．．

．．．

我的体会是：

．．．

．．．

．．．

．．．

．．．

．．．

．．．

．．．

训练日志

日期：　　　　　　今天是第　　天

我会用什么方法来挽留员工？

....

....

....

....

我会如何提高员工的士气？

....

....

....

....

当业务员不能达到指定的营业额时，我会怎么办?

···
···
···
···
···
···
···
···

我的体会是:

···
···
···
···
···
···
···
···

训练日志

日期：　　　　　今天是第　　天

我会用什么方法来挽留员工?

....

....

....

....

....

我会如何提高员工的士气?

....

....

....

....

....

当业务员不能达到指定的营业额时，我会怎么办？

....

....

....

....

....

....

....

我的体会是：

....

....

....

....

....

....

....

训练日志

日期：　　　　　今天是第　　天

我会用什么方法来挽留员工?

....

....

....

....

我会如何提高员工的士气?

....

....

....

....

当业务员不能达到指定的营业额时，我会怎么办？

....

....

....

....

....

....

....

....

我的体会是：

....

....

....

....

....

....

....

....

训练日志

日期： 今天是第 天

我会用什么方法来挽留员工?

....

....

....

....

....

我会如何提高员工的士气?

....

....

....

....

....

当业务员不能达到指定的营业额时，我会怎么办?

我的体会是:

案例二

你是一家医药公司药品采购供应站的总经理。该药品采购供应站有 50 年的历史，是一家国有企业，也是全省销售网络最大的一家企业。它曾在全省名列第一，后来降到了第三位。你以前在药品站工作过 10 年，后来你又到了其他公司做经理。你在这家药品采购供应站上任时，前任经理带着 12 名正副主管和业务经理跳槽到另外一家公司去了。大量客户被带走，市场下滑得厉害，库存很多，还有 2000 多万元应收账款没有解决，接替工作的全是没有经验的应届毕业生。你接手时营业额每月只有三四百万元的水平，而药品采购供应站要维持正常的运作需要每月 500 万元的营业额。

药品采购供应站现在要付给供货商 350 万元，但药品采购供应站的资金很紧张。副总经理建议由他直接找公司的老总商量注资事宜。你的决定如何？你考虑了什么因素才做这样的决定？

在工作分配上，你会怎样领导业务部的工作？你是用分区形式，每一个业务员负责一个地区，给业务员一个利润指标，然后由他全权负责地区内的一切事宜？还是大小事务均由你负责和指派？请你写下你的决定、所考虑的理由和做出决定时的心态。

当你将工作分配下去时，如果让员工尽展所长，你认为结果会怎样？你认为由你来过问每一个工作细节有效，还是将工作分配下去更有效？

如果你是员工，对这两种安排会有怎样不同的反应？

训练日志

日期： 今天是第 天

你认为员工的能力怎样?

....

....

....

....

授权给员工自己处理工作有什么利弊?

....

....

....

....

....

你会用什么方法来分配工作给员工？请你列出方法及原因。

你的体会是：

训练日志

日期：　　　　　　　今天是第　　天

你认为员工的能力怎样？

....

....

....

....

....

授权给员工自己处理工作有什么利弊？

....

....

....

....

....

你会用什么方法来分配工作给员工？请你列出方法及原因。

你的体会是：

训练日志

日期： 今天是第 天

你认为员工的能力怎样？

....

....

....

....

....

授权给员工自己处理工作有什么利弊？

....

....

....

....

....

你会用什么方法来分配工作给员工？请你列出方法及原因。

你的体会是：

训练日志

你认为员工的能力怎样？

....

....

....

....

....

授权给员工自己处理工作有什么利弊？

....

....

....

....

....

欣赏 人 爱
接纳 珍惜

你会用什么方法来分配工作给员工？请你列出方法及原因。

你的体会是：

训练日志

日期： 今天是第　　天

你认为员工的能力怎样？

....

....

....

....

....

授权给员工自己处理工作有什么利弊？

....

....

....

....

....

欣赏　人　爱

接纳　珍惜

第二部分　具体操作　195

你会用什么方法来分配工作给员工？请你列出方法及原因。

你的体会是：

你认为员工的能力怎样？

....

....

....

....

授权给员工自己处理工作有什么利弊？

....

....

....

....

你会用什么方法来分配工作给员工？请你列出方法及原因。

你的体会是：

训练日志

日期：　　　　　　　今天是第　　天

你认为员工的能力怎样？

....

....

....

....

....

授权给员工自己处理工作有什么利弊？

....

....

....

....

....

你会用什么方法来分配工作给员工？请你列出方法及原因。

你的体会是：

案例三

你是一家美资跨国公司的销售主管，公司的产品是世界第一品牌的空调，你负责南方市场的营销工作，该地区有很多国内外的品牌在竞争，因此你的营业额不断下降。作为销售主管，你认为怎样才能提高公司的业绩？在价钱上怎样和别的品牌竞争？如何了解客户的需要？请你写下你的决定和原因。

有时客户也会看不清自己的需要，而你的公司是一个大集团和跨国公司，你可以把国外好的经验和理念介绍给客户使用。比如，把空调技术和其他技术结合运用，就能降低成本。你认为为客户举办这些培训会对业务有帮助吗？

....

....

....

....

....

....

....

你认为怎样才能让客户感受到你了解他们的需要？你怎样做才可以让客户购买公司的产品？

....

....

....

....

....

....

....

训练日志

日期：　　　　　　　今天是第　　　天

你会如何提升公司的业绩？

....

....

....

....

....

作为管理者，你会为客户举办座谈会吗？

....

....

....

....

....

你认为怎样才能体会客户的需要?

你的体会是：

你会如何提升公司的业绩？

....

....

....

....

....

作为管理者，你会为客户举办座谈会吗？

....

....

....

....

你认为怎样才能体会客户的需要?

你的体会是:

你会如何提升公司的业绩？

....
....
....
....
....

作为管理者，你会为客户举办座谈会吗？

....
....
....
....
....

你认为怎样才能体会客户的需要?

你的体会是：

你会如何提升公司的业绩？

....

....

....

....

....

作为管理者，你会为客户举办座谈会吗？

....

....

....

....

....

你认为怎样才能体会客户的需要?

....

....

....

....

....

....

....

你的体会是：

....

....

....

....

....

....

....

你会如何提升公司的业绩?

....

....

....

....

作为管理者，你会为客户举办座谈会吗?

....

....

....

....

....

你认为怎样才能体会客户的需要？

你的体会是：

训练日志

你会如何提升公司的业绩？

....

....

....

....

....

作为管理者，你会为客户举办座谈会吗？

....

....

....

....

....

你认为怎样才能体会客户的需要？

你的体会是：

你会如何提升公司的业绩？

....

....

....

....

作为管理者，你会为客户举办座谈会吗？

....

....

....

....

你认为怎样才能体会客户的需要?

你的体会是:

第三部分

总结补充

应 用 ①1

в в в в в

在完成本练习后，你可能在工作和生活中取得了很多成就。然而当你用这种模式去支持他人，令他人也像你一样发挥九点领导力时，他们同样也会面临一个心理调适的过程，教练能在心理调适过程中发挥巨大作用，让你在支持别人时得心应手，从而令社会、民族不断进步！

为支持你在教练过程中练习应用信任能力，请仔细阅读以下的教练策略：

1. 确定问题

● 协助被教练者找出问题的核心。

2. 以创造、无惧和放弃控制来找出行动中与模式有差异的地方

● 协助被教练者区分创造、无惧和放弃控制。

● 信任就是相信自己有能力去创造新的关系。

● 信任就是无惧失去所拥有的。

● 信任就是能够放弃控制别人的欲望。

3. 厘清目标和方向

● 协助被教练者厘清在该问题上的期望。

4. 列出差异所产生的后果

● 协助被教练者找出在该问题上的期望与行为的差异所造成的结果。

5. 找出不同的处理方式

● 协助被教练者列举不同的可能性。

6. 为自己做选择

● 让被教练者做选择。

请用一周的时间在日常生活中找一项案例练习：

1. 确定问题：

....

....

....

....

....

....

....

2. 以创造、无惧和放弃控制找出行动中与模式有差异的地方：

....

....

....

....

....

....

....

....

3. 厘清目标和方向：

4. 列出差异所产生的后果：

5. 找出不同的处理方式：

....

....

....

....

....

....

....

6. 为自己做选择：

....

....

....

....

....

....

....

....

....

下面是关于目标设定的 SMART 系统的详细介绍。

Specific 明确的
Measurable 可测量的
Attainable 可达到的
Relevant 相关联的
Trackable 可检视的

Specific 明确的

目标是清晰明确的。直接、具体、清晰地说明什么时间做什么事，不仅自己清晰明了，也要让别人一看就清晰明了。制订目标时不能用相对的时间或数量，如"15 天内"或"增加 30万元"等，而要用具体的、绝对的时间或数量，如"在今年 12月 31 日，公司营业额达到 100 万美元"。

Measurable 可测量的

目标可以被自己或他人测量。当目标明确的时候，即用具体、绝对的日期或数量时，目标便可以被测量。如用了多少时间，做到多少数量，等等，非常清晰。若目标用形容词或程度副词来设定，如"最快的时间内做到最好"等，因每个人对"最快"和"最好"的标准不同，目标就会变得很难衡量。

Attainable 可达到的

这里有两层意思。第一层意思是，目标有可能在设定的时间内做到，具有实际操作的意义，而不是一厢情愿的愿望、振奋人心的口号。如果目标不切实际、并不可行，不仅流于形式，还会对自己构成压力，影响自信心。如"我要在某年某月某日前带领我的团队做到整个部门的总营业额的百分之五十"等，设定时要充分考虑是否有切实可行的步骤，是否真的可以做到。

第二层意思是，目标需要付出努力才能做到，而不是按照常规做法就能做到。例如以一伸手就能摘到的果子作为目标不是很有意义，把需要用尽全身力气跳起来才能摘到的果子作为目标才有意义。假如平时的业绩已经达到每月 100 万元，目标还设定为每月 100 万元就显得没有意义，将通过各种努力做到每月 200 万元设定为目标才有意义。

Relevant 相关联的

这里也有两层意思：第一，目标与行动计划是相关联的，行动计划是围绕目标制订的。如目标是关于提升领导力。而行动计划却是关于公司业绩的，这两者就没有直接的关联。第二，目标与整体方向必须是相关联的、一致的。如大目标是"我在某年某月某日（6个月内）体重减至70公斤"，而行动计划却只是关于公司业绩的提升，没有关于减肥的，那就没有直接的关联。又或者行动计划中只有2个月的计划是关于减肥的，倒不如把大目标就设定为2个月。当然，你的大目标中可以有几个不同方面的小目标，上述提及的只是目标和行动是否有联系或一致。

Trackable 可检视的

目标与行动计划在不同阶段，要根据行动计划的特征定下检视点。当你觉得自己偏离了方向，或想调整前进的速度，甚至有新的体验和发现时，可以及时修正行动计划。如"到某月某日（1个月内）体重减至70公斤"，并不是指到1个月结束时才去称体重，你可以天天称，也可以一周一次，在行动计划中应该设下明确的检视点。

[1]SMITH E R,MACKIE D M. Social Psychology（2nd Ed.）[M].Philadelphia, PA：Psychology Press,2000.

[2]E. 佛洛姆.爱的艺术［M］.孟祥森，译.中国台北：志文出版社，1997.

[3]理查德·格理格,菲利普·津巴多.心理学与生活（第16版）[M].王垒,王甦，等，译.北京：人民电邮出版社，2003.

[4]申荷永.荣格与分析心理学［M］.广州：广东高等教育出版社，2004.

[5]中国就业培训技术指导中心,中国心理卫生协会.国家职业资格培训教程心理咨询师［M］.北京：民族出版社，2005.

[6]黄荣华,梁立邦.人本教练模式［M］.北京：北京联合出版公司，2017.

Measurable 可测量的

目标可以被自己或他人测量。当目标明确的时候，即用具体、绝对的日期或数量时，目标便可以被测量。如用了多少时间，做到多少数量，等等，非常清晰。若目标用形容词或程度副词来设定，如"最快的时间内做到最好"等，因每个人对"最快"和"最好"的标准不同，目标就会变得很难衡量。

Attainable 可达到的

这里有两层意思。第一层意思是，目标有可能在设定的时间内做到，具有实际操作的意义，而不是一厢情愿的愿望、振奋人心的口号。如果目标不切实际、并不可行，不仅流于形式，还会对自己构成压力，影响自信心。如"我要在某年某月某日前带领我的团队做到整个部门的总营业额的百分之五十"等，设定时要充分考虑是否有切实可行的步骤，是否真的可以做到。

第二层意思是，目标需要付出努力才能做到，而不是按照常规做法就能做到。例如以一伸手就能摘到的果子作为目标不是很有意义，把需要用尽全身力气跳起来才能摘到的果子作为目标才有意义。假如平时的业绩已经达到每月 100 万元，目标还设定为每月 100 万元就显得没有意义，将通过各种努力做到每月 200 万元设定为目标才有意义。

Relevant 相关联的

这里也有两层意思：第一，目标与行动计划是相关联的，行动计划是围绕目标制订的。如目标是关于提升领导力。而行动计划却是关于公司业绩的，这两者就没有直接的关联。第二，目标与整体方向必须是相关联的、一致的。如大目标是"我在某年某月某日（6个月内）体重减至70公斤"，而行动计划却只是关于公司业绩的提升，没有关于减肥的，那就没有直接的关联。又或者行动计划中只有2个月的计划是关于减肥的，倒不如把大目标就设定为2个月。当然，你的大目标中可以有几个不同方面的小目标，上述提及的只是目标和行动是否有联系或一致。

Trackable 可检视的

目标与行动计划在不同阶段，要根据行动计划的特征定下检视点。当你觉得自己偏离了方向，或想调整前进的速度，甚至有新的体验和发现时，可以及时修正行动计划。如"到某月某日（1个月内）体重减至70公斤"，并不是指到1个月结束时才去称体重，你可以天天称，也可以一周一次，在行动计划中应该设下明确的检视点。